Inhalt

Europäischer Zahlungsverkehr - neues Milliardengrab für den deutschen Staatshaushalt?

Kernthesen

Beitrag

Fallbeispiele

Weiterführende Literatur

Impressum

Europäischer Zahlungsverkehr - neues Milliardengrab für den deutschen Staatshaushalt?

Robert Reuter

Kernthesen

- Im europäischen Zahlungsverkehr - bezeichnet als Target 2 - sind bei der Bundesbank Forderungen in Höhe von 498 Milliarden Euro aufgelaufen.
- Das gewaltige Minus ist keine Folge von Bankgeschäften, sondern des innereuropäischen Warenhandels.
- Skeptische Volkswirte sehen die Bundesrepublik damit unentrinnbar an die

europäischen Pleitestaaten gekettet - denn einen Ausfall der Forderung könne auch Deutschland nicht verkraften.
Gegenstimmen verweisen auf den hohen Nutzen von Target 2 und auf die geringe Ausfallwahrscheinlichkeit.

Beitrag

Riesige Finanzlücke

In den Bilanzen der Bundesbank versteckt sich eine Forderung in der gigantischen Höhe von 498 Milliarden Euro. An die Öffentlichkeit gebracht hatte das enorme Minus der aus vielen TV-Auftritten bekannte Präsident des Wirtschaftsforschungsinstituts Ifo, Hans-Werner Sinn. Von beschwichtigenden Antworten der Bundesbank ließ sich Sinn nicht beruhigen und forschte weiter danach, wie das Rekordminus überhaupt zustandekam. Das Ergebnis ließ auch Volkswirte erschauern. Die 498 Milliarden Euro sind nicht auf die Bankgeschäfte der Bundesbank zurückzuführen, sondern entstanden im Außenhandel der Bundesrepublik Deutschland. (1)

Liquidität für den Außenhandel

Der Fehlbetrag, so fand Sinn vor etwa einem Jahr heraus, entstand innerhalb des europäischen Zahlungssystems Target 2. Dieses soll dazu dienen, die Zahlungsforderungen zwischen den Notenbanken abzuwickeln, die bei jeder grenzüberschreitenden Überweisung im Euro-Raum entstehen. In der Praxis funktioniert Target 2 folgendermaßen: Wenn beispielsweise ein griechisches Unternehmen bei einer deutschen Firma einen Lastwagen kauft, überweist die Hausbank der Firma in Thessaloniki das Geld an die Hausbank in Stuttgart. Weil die Zahlung über die Zentralbanken läuft, entsteht dabei im Target-2-System eine Verbindlichkeit der griechischen Notenbank gegenüber der Europäischen Zentralbank. Umgekehrt erhält die Deutsche Bundesbank eine Forderung in derselben Höhe gegenüber der Europäischen Zentralbank (EZB).

Solange die Wirtschaft im Gleichgewicht ist und Waren und Geld in alle Richtungen hin und her fließen, gleichen sich die Salden irgendwann wieder aus. Ausgeglichen waren die Target-2-Salden aber zuletzt Anfang 2007. Weil Länder wie Griechenland, Spanien oder Portugal seit Jahren mehr im- als exportieren, sind bei der Bundesbank nun diese riesigen Forderungen entstanden. Das Grundproblem ist dabei, dass die Pleitestaaten an der europäischen

Peripherie schon vor der Krise auf Kapitalzuflüsse aus dem Ausland angewiesen waren, um die von ihnen gekauften Güter und Dienstleistungen zu bezahlen. Deutschland hingegen erwirtschaftet stetige Exportüberschüsse und muss deshalb Kapital exportieren.

Defizitäre Zahlungsbilanzen und daher negative Target-2-Salden haben unter anderen Spanien (minus 175 Milliarden Euro), Frankreich (minus 100 Milliarden Euro) und Portugal (minus 60 Milliarden Euro). Dem stehen Deutschland mit plus 547 Milliarden Euro, die Niederlande mit plus 168 Milliarden Euro, Luxemburg mit plus 103 Milliarden Euro und Finnland mit plus 45 Milliarden Euro gegenüber. (1), (2)

PIIGS-Staaten können ihre Importe nicht bezahlen

Die Geldknappheit in Griechenland, Irland und Portugal ist eine Folge der Bankenkrise 2008. Seitdem halten alle Banken des Euro-Raums ihr Geld zusammen. Hierzu sind sie insbesondere angehalten, weil die Regulierungsbemühungen der Politik seit vier Jahren darauf abzielen, das Eigenkapital der Banken zu stärken, um so neuen Schieflagen vorzubeugen. Damit haben auch die Banken in Griechenland,

Irland und Portugal weniger Geld zur Verfügung, das sie in Form von Krediten ausreichen könnten. Hinzu kam die Angst der Reichen. Viele Vermögen wurden ins Ausland transferiert, da die Besitzer befürchteten, im Falle einer Staats- und Bankenpleite nicht mehr an ihr Geld zu kommen.

Im Ergebnis haben die PIIGS-Staaten damit schon seit über vier Jahren nicht genügend Geld zur Verfügung, um all ihre Importe auch bezahlen zu können. Das hohe Minus in der Bilanz der Bundesbank ist damit ein Defizit, das im Im- und Export der Bundesrepublik entstanden ist. Erschreckend ist dabei die Höhe des Fehlbetrags: 498 Milliarden Euro sind mehr als das anderthalbfache des Bundeshaushalts. (2), (3)

Deutschland in der Falle

Das Target-2-Defizit der Bundesbank zeigt, wie groß die Abhängigkeit der Bundesrepublik Deutschland derzeit von einem Funktionieren der Euro-Zone ist. Sollte nämlich Griechenland aus dem Verbund ausscheren oder sogar die ganze Euro-Zone zerbrechen, bestünde keine Möglichkeit mehr, dass die Bundesbank die bestehenden Forderungen eintreiben kann. Nach Aussage von Sinn sitzt die Bundesrepublik mithin in der Falle und muss alles dafür tun, die schlingernden PIIGS-Staaten vor der

Pleite zu retten. Würde der Euro zerbrechen, richteten sich die Forderungen der Bundesbank nämlich an ein System, das es dann gar nicht mehr gäbe.

Allerdings ist ein komplettes Zerbrechen des Euros unwahrscheinlich. Zu rechnen ist eher damit, dass Griechenland irgendwann die Drachme wieder einführen muss. In diesem Falle würden nur die im Außenhandel mit Griechenland entstandenen Target-2-Forderungen ausfallen. Dann wäre die Bundesbank entsprechend ihrem Anteil an der Europäischen Zentralbank (EZB) mit rund 28 Prozent an den Abschreibungen beteiligt. Da die Verbindlichkeiten Griechenlands "nur" bei 108 Milliarden Euro liegen, betrüge der Verlust für die Bundesbank dann 30 Milliarden Euro. (1)

Weitere Belastungen für den deutschen Steuerzahler

Es gilt als unwahrscheinlich, dass die Target-2-Schulden jemals zur Gänze beglichen werden. Sie addieren sich damit zu den Hilfspaketen und Rettungsfonds für die PIIGS-Staaten, die den deutschen Steuerzahler wohl auf Jahrzehnte belasten werden. Immer wieder kritisiert wird dabei, dass die Hilfsgelder das Grundproblem der Euro-Zone, nämlich die Leistungsbilanzdefizite der schwachen

Staaten, gar nicht beheben können. Volkswirte plädieren darum nach wie vor dafür, den vernünftigsten Lösungsweg einzuschlagen. Dann müssten Griechenland, Portugal und Spanien den Euro-Raum verlassen. Doch die Bundesregierung fährt bekanntlich einen anderen Kurs. (3)

Target-2-Kredite als Mittel zur Staatssanierung

Was bisher noch wenig beachtet wurde, ist die Rolle der Target-2-Kredite für die Stützung Griechenlands. Die allgemein bekannten Hilfen sind die EU-Fiskalspritzen zum Haushaltsausgleich, der Direktkauf griechischer Staatsanleihen durch die EZB und die billigen Kredite der EZB an die Banken. Experten bemängeln, dass die enormen Geldspritzen für Griechenland in Bilanzen und Salden verpuffen und kaum dazu beitragen, das Land wieder auf die Beine zu bringen. Wirkungsvoller sind demgegenüber die Target-2-Kredite, da sie den Außenhandel am Laufen halten. (3), (4)

Alles nicht so schlimm?

Zugleich fehlt es nicht an Stimmen, die die von Hans-Werner Sinn beschriebenen Szenarien für

Panikmache halten. Sie werfen Sinn vor, wilde Additionen zu betreiben und damit auf unlautere Weise Äpfel mit Birnen zu vergleichen. Selbst wenn ein Land aus der Euro-Zone austräte und bestehende Verbindlichkeiten ignorieren würde, müsste die Bundesbank lediglich gemäß ihres EZB-Kapitalanteils haften - und damit unabhängig von der Höhe der eigenen Target-Forderungen. Aus den Fugen würde das System nur geraten, wenn der Euro ganz zerbricht. Dann aber wären die Target-2-Salden Europas kleinstes Problem. (4), (6)

Trends

Niedrigere Gewinne der Bundesbank

Die europäische Staatsschuldenkrise und die expansive Geldpolitik der EZB haben die Gewinne der Bundesbank erneut einbrechen lassen. In normalen Jahren konnte sich der Bundesfinanzminister nahezu automatisch auf hohe Geldüberweisungen des deutschen Zentralinstituts einstellen. Für 2011 beträgt das Plus nur noch 700 Millionen Euro - eingeplant waren 2,5 Milliarden Euro. Schuld an dem Einbruch sind offensichtlich einmal mehr die höheren

Rückstellungen der Bundesbank für Risiken, die die Europäische Zentralbank (EZB) im Zuge ihrer Anleihekäufe von Krisenstaaten eingegangen ist. Damit belastet die Schuldenkrise den deutschen Staatshaushalt erstmals unmittelbar, denn der Bundesfinanzminister wird die fehlenden 1,8 Milliarden Euro zumindest zum Teil über neue Schulden finanzieren müssen. (5)

Fallbeispiele

Stellungnahme des Bundesbank-Präsidenten

Auch der Chef der deutschen Notenbank, Jens Weidmann, hat zum Target-2-Problem Stellung genommen. In einem Zeitungsartikel verteidigt er das Target-2-System als wichtigen Liquiditätsbeschaffer für einen reibungslosen Warenhandel. Zugleich bricht hier der bekannte Konflikt mit der EZB auf, die nach Meinung der Bundesbank mit ihrer lockeren Geldpolitik marode Banken künstlich am Leben erhält und damit ihrem eigentlichen Auftrag - der Sicherstellung der Geldwertstabilität - zuwiderhandelt. Die Kritik an den Negativ-Salden im Target-2-System weist Weidmann als nicht sachgerecht zurück. (7)

Weiterführende Literatur

(1) Der Mann und die Milliarden-Bombe
aus Spiegel Online, 27.02.2012

(2) Deutschland in der Target-Falle
aus Finanz und Wirtschaft vom 14.03.2012, Seite 3

(3) Die wahren Gründe für das Euro-Desaster
aus Der Neue Kämmerer vom 24.02.2012, Nr. 1, S. 3

(4) Europas kleinstes Problem
aus Süddeutsche Zeitung, 16.03.2012, Ausgabe Deutschland, S. 4

(5) Bundesbank-Scheck an Schäuble fällt kleiner aus
aus manager-magazin.de vom 07.03.2012

(6) INTERVIEW "Wie hoch das Risiko ist, hängt von der Entwicklung ab"
aus Die SparkassenZeitung, 24.02.2012, Nr. 08, S. 2

(7) Was steckt hinter den Target2-Salden?
aus Frankfurter Allgemeine Zeitung, 13.03.2012, Nr. 62, S. 11

Impressum

Europäischer Zahlungsverkehr - neues Milliardengrab für den deutschen Staatshaushalt?

Bibliografische Information der deutschen Nationalbibliothek

Die Deutsche Nationalbibliothek verzeichnet diese Publikation in der deutschen Nationalbibliografie; detaillierte bibliografische Daten sind im Internet über http://dnb.d-nb.de abrufbar.

ISBN: 978-3-7379-1688-2

© 2015 GBI-Genios Deutsche Wirtschaftsdatenbank GmbH, Freischützstraße 96, 81927 München, www.genios.de

Alle Rechte vorbehalten. Dieses Werk ist einschließlich aller seiner Teile – z.B. Texte, Tabellen und Grafiken - urheberrechtlich geschützt. Jede Verwertung außerhalb der Grenzen des Urheberrechtsgesetzes bedarf der vorherigen Zustimmung des Verlags. Dies gilt insbesondere auch für auszugsweise Nachdrucke, fotomechanische

Vervielfältigungen (Fotokopie/Mikroskopie), Übersetzungen, Auswertungen durch Datenbanken oder ähnliche Einrichtungen und die Einspeicherung und Verarbeitung in elektronischen Systemen.